JOURNAL

LES LUTRINS DES CAMPAGNES

NOUVEAU MODE DE LECTURE MUSICALE. — PLAIN-CHANT ET MUSIQUE

PAR L'ABBÉ RÉMOND

PARIS

AUX BUREAUX DU *ROSIER DE MARIE*

PASSAGE COLBERT, N° 16
Et chez l'Auteur, à l'hôpital Saint-Louis
1865

J. M. J.   A. M. D. G.

LE LUTRIN DES CAMPAGNES.

Pour étudier cette page, il faut voir en même temps les numéros et la musique ci-après.

De l'Accompagnement du Plain-Chant.

Depuis longtemps on nous demande de donner, dans notre mode d'écriture musicale, des gammes ou formules harmoniques, afin de pouvoir apprendre, par ce moyen, la manière d'accompagner le plain-chant: c'est pour donner satisfaction à ce désir de nos clients que nous avons fait éditer le présent opuscule.

Il y a trois principales manières d'accompagner le plain-chant:

La première et la meilleure, à notre avis, consiste à mettre le chant sur l'harmonie: alors le chant est toujours la note la plus élevée et les basses sont en faux-bourdon. L'effet qui en résulte est plus riche, plus noble et plus majestueux; mais il faut, dans ce mode d'accompagnement, disposer les registres de l'instrument de façon que les basses ne couvrent pas tellement le chant, qu'on ne puisse plus le distinguer. Il faut affaiblir un peu les jeux de basse et donner un peu plus de force à ceux de l'aigu: pour cela, on tire un peu la sourdine des basses.

La seconde manière d'accompagner, consiste à mettre le chant à la basse et l'harmonie à l'aigu. Certaines personnes préfèrent ce mode, parce qu'il a l'avantage de mieux faire entendre le chant, mais l'harmonie est ici moins riche, moins majestueuse que dans le mode précédent. La musique est grêle et beaucoup moins satisfaisante: cependant ce mode d'accompagnement est plus simple que le premier, plus facile à retenir, et, par conséquent, plus avantageux pour l'organiste peu capable.

La troisième manière d'accompagner, consiste à mettre le chant au milieu de l'harmonie. Ce dernier mode a l'inconvénient d'étouffer le chant dans l'harmonie, impossible de le suivre en se guidant sur l'orgue. Or, comme le but de l'orgue, dans une campagne, est de diriger le chant et de guider les chantres, il suit de là que ce mode d'accompagnement ne convient pas à la campagne: nous ne nous occuperons que des deux premiers.

L'harmonie du plain-chant est une harmonie sévère qui n'admet, en principe, que les accords parfaits, autrement dits consonnants. L'accord parfait se compose de trois notes superposées à distance de tierce, et formant ensemble une quinte. Voir N° 1er.

Accords majeurs et mineurs.

Un accord est appelé majeur, quand il y a deux tons entre les deux notes inférieures, et un ton et demi entre la note du milieu et la note supérieure. L'accord est mineur quand les deux tons sont entre les deux notes supérieures, et le ton et demi entre les deux notes inférieures. Ainsi, en montant, au moyen d'un dièse, la note du milieu d'un demi-ton, on rend majeur un accord qui était mineur: comme aussi en descendant, au moyen du bémol, la note du milieu d'un demi-ton, on rend mineur un accord qui était majeur, ainsi qu'on le voit dans les accords ci-dessus, qui, par ce moyen, passent du majeur au mineur *et vice versâ*. N° 1 et 4.

L'accord posé sur le *si* fait seul exception: il est composé de deux tierces mineures, et donne ce qu'on appelle le triton, consonnance dure et désagréable: pour le régulariser, il faut altérer ou le *fa* avec un dièse et alors l'accord est mineur, ou le *si* avec un bémol et l'accord devient majeur: en mettant un dièse devant le *fa* et un devant le *si* l'accord est également majeur. A vérifier sur la portée ci-dessus N° 1er.

Pour bien comprendre ce qui vient d'être dit, il faut savoir qu'il y a un ton entre chaque note de la gamme quand elles se suivent par degrés conjoints, excepté entre *si* et *ut* et aussi entre *mi* et *fa* où il n'y a qu'un demi-ton. A vérifier sur la gamme N° 2.

En mettant un dièse devant une note on l'exhausse d'un demi-ton, on la rapproche par conséquent d'un demi-ton de la note qui est au-dessus. Le bémol produit un effet tout contraire: placé devant une note, il la descend et la rapproche d'un demi-ton de la note qui est au-dessous. A vérifier sur le N° 3.

Quand les notes ont été altérées par le dièse ou le bémol, pour les rétablir dans leur état naturel on place devant elles un bécarre ♮. Nous supposons,

du reste, que celui qui veut apprendre à accompagner le plain-chant connaît les principes élémentaires, c'est pourquoi nous nous abstiendrons de les reproduire ici.

En doublant, selon l'usage, la note de basse d'un accord et la plaçant au-dessus de l'accord, on peut lui donner trois différentes positions nécessaires pour varier l'harmonie, c'est ce que va produire l'exercice qui suit, N° 4 et 4 *bis*.

Ce renversement des parties constituantes de l'accord parfait donne à chaque note de la gamme trois accompagnements différents, comme on peut le voir sur l'exercice N° 5.

Dans l'harmonie du plain-chant, on tolère l'accord de sixte; il sert pour éviter les suites de quintes et d'octaves. Voir N° 6.

Les accords dissonants sont prohibés dans l'harmonie du plain-chant; cependant, on y tolère celui de septième dominante, pourvu qu'il soit préparé et résolu ainsi qu'on le voit sur l'exercice N° 7.

Voilà les accords que l'on emploie ordinairement dans l'accompagnement du plain-chant; mais les artistes les modifient souvent sans les changer, et donnent ainsi plus de charme et une plus grande variété à leur jeu; ceci dépend du goût et du talent de chacun.

Dans l'emploi de ces accords, il faut éviter avec soin les suites de quintes et d'octaves en sens direct, c'est-à-dire par mouvement semblable. Voici ce qu'on entend par suite de quintes en sens direct ou mouvement semblable, N° 8.

Voir N° 9, les suites d'octaves prohibées et ensemble les suites de quintes et d'octaves. Les suites de quintes sont tolérées mais en sens inverse. N° 10. Les suites d'octaves en sens inverse sont aussi tolérées, N° 11. Bien que les suites de quintes et d'octaves en sens inverse soient tolérées, il convient de les éviter autant que possible, par la raison que l'harmonie y perd de son mérite et de sa beauté. Il faut aussi éviter les quartes à la fausse; elles sont prohibées dans l'harmonie du plain-chant, voir n° 12. Ces formules étant modifiées comme elles le sont au N° 13, seraient tolérées, parce qu'alors elles cessent d'être des quartes, elles deviennent des sixtes par l'addition de la note ajoutée.

Le moyen d'éviter les suites de quintes et d'octaves en sens direct, c'est de s'attacher à faire marcher la basse en sens opposé à la main droite; c'est-à-dire à descendre la main gauche quand la droite monte et *vice versâ*. Voir n° 14.

Certains musiciens répudient absolument les fausses relations, d'autres les admettent; en tout cas, il convient de les éviter autant que possible dans l'harmonie du plain-chant. On appelle fausse relation, le passage immédiat d'une note naturelle à la même note diésée ou bémolisée et *vice versâ*. Voir N° 14.

La dernière note d'un morceau doit toujours être accompagnée de l'accord parfait N° 1er. On y tolère, mais rarement, un renversement. Durant l'exécution, il faut avoir soin de conserver les doigts sur les notes qui doivent passer d'un accord à l'accord suivant, afin de lier l'harmonie; il ne faut pas laisser interrompre le son de ces notes quand s'effectue le passage, et il est bon de choisir des accords qui aient des notes communes, c'est encore un moyen d'éviter les successions de quintes directes. Il faut éviter une trop longue suite d'accords mineurs; ils produisent un effet moins agréable que les accords majeurs.

En observant ces règles et les avis ci-dessus on n'obtiendra pas toujours une harmonie merveilleuse, mais au moins elle sera passable. Il conviendrait de préparer toujours d'avance les morceaux que l'on doit exécuter à l'église; il serait encore préférable de les avoir tout préparés par la main d'un maître.

Formules harmoniques.

On pourra, si l'on veut, s'astreindre aux formules ci-dessous pour chaque ton: elles sont extraites des œuvres des principaux organistes allemands et autres, mais elles ne sont pas absolues: on peut y mêler d'autres accords sans inconvénient: les auteurs de ces formules le faisaient eux-mêmes et elles ne sont données que comme modèles.

Voir N° 15 les formules pour les huit tons du plain-chant.

En tête de chaque formule, immédiatement après la clef, se trouve l'indication de la finale et de la dominante du ton; la finale est placée sous la dominante. A la première section de la formule se trouvent une seconde dominante et une seconde finale; une de ces dominantes avec sa finale est pour le ton au naturel, les autres sont pour le même ton transposé.

On trouve aussi, auprès de chaque dominante, une autre indication, comme U en *si* ♭, U en *mi*, etc., ce qui veut dire qu'il faut descendre le clavier et placer la touche de l'*ut* sur le *si* ♭ ou la remettre sur le *ré*, etc., afin d'avoir le *sol* pour dominante dans tous les tons. Ceux qui trouveraient cette dominante trop haute pourraient descendre le clavier d'un demi-ton ou d'un ton: ceux, au contraire, qui trouveraient que le *sol* fait chanter trop bas, n'auraient qu'à monter le clavier d'un demi-ton ou d'un ton plus haut. Lorsque le *si* est bémol dans le chant sur lequel on applique une de ces formules, alors on bémolise aussi celui de la formule sans changer pour cela les notes de l'accompagnement. Il en est de même pour les *fa*, les *ut* et les *sol* qui seraient diésés dans le chant, et aussi pour le *mi* bémolisé. Il y a dans le plain-chant des morceaux transposés; c'est pour cela que l'on a partagé chaque formule en plusieurs sections. Une des sections est pour le ton au naturel, l'autre pour le même ton transposé; néanmoins, la formule sert dans toute son étendue à l'un et à l'autre; c'est par la dominante et la finale que l'on reconnaît si le ton est naturel ou transposé. Au 1er et au 2me ton, la finale naturelle est *ré*; au 3me et au 4me c'est *mi*; au 5me et au 6me c'est *fa*; au 7me et au 8me c'est *sol*; toute autre finale indique un ton transposé.

Seconde espèce de formules harmoniques avec le chant à la basse. Voir N° 16 et suivants.

Au 1er ton, on place la touche de l'*ut* sur le *si* ♭, quand la finale du morceau est *ré*, c'est-à-dire quand le ton est dans son diapason naturel. On la place sur le *ré* dièse quand le ton est transposé, et que par conséquent la finale est *la*, ainsi qu'il est indiqué en tête de la formule N° 16 et des autres. Voir les quelques petits morceaux sur lesquels on a fait l'application des formules d'harmonie avec le chant à la basse N° 18 et suivants.

Pour l'application des formules avec le chant au-dessus de l'harmonie, on peut voir tous les morceaux de plain-chant harmonisé que nous avons donnés; ils sont tous dans ce genre d'harmonie; on y verra, au besoin, la manière de modifier les formules. Certains harmonistes ne donnent que deux formules pour tous les tons du plain-chant; une pour les tons majeurs et une pour les mineurs. Pour s'en servir, il faut mettre la finale de la formule sur la note où devrait être la finale de chaque morceau qu'on veut jouer. Voir ces deux formules en double et la manière de placer le clavier pour chaque ton, N° 17.

Il n'est pas nécessaire d'apprendre toutes les formules ci-contre, elles ne sont données que pour faciliter à chacun le choix du genre qu'il voudra prendre. On peut remarquer, du reste, que les mêmes accords entrent en partie dans la formation de toutes ces formules, et qu'au besoin il serait facile de les réduire; par exemple: au N° 16, celle du 1er ton peut servir complètement pour le 2me et à peu de chose près pour le 7me et le 8me, etc.

MM. Morin et Amiot, ainsi que M. Hanne, ont donné aussi des formules d'harmonie qui ne diffèrent guère de celles-ci que dans la manière d'en faire l'application. Elles exigent l'emploi des chiffres placés sur les notes du chant; quel que soit le mérite de ce système, nous n'avons pas cru devoir l'employer, parce que, pour s'en servir utilement, il faut des livres de chants notés et chiffrés tout exprès. La Méthode de MM. Morin et Amiot nous a paru la plus simple de toutes. En terminant, nous croyons devoir dire que toutes ces formules et toutes celles de ce genre que l'on peut donner, ne sont que de pauvres moyens de faire de l'harmonie qui occasionnent une foule de fautes entre les mains inhabiles qui s'en servent. De l'harmonie toute préparée par des maîtres sera toujours préférable; aussi espérons-nous, si Dieu n'en décide autrement, pouvoir un jour donner tout le chant romain harmonisé par des hommes habiles en cet art, afin que les louanges du Seigneur soient chantées avec plus de dignité.

L'Abbé RÉMOND.

Paris. — Imp. Prissette, passage Kuszner, 17. — Maison passage du Caire, 17.

DE L'HARMONIE DU PLAIN-CHANT,
et des FORMULES HARMONIQUES.

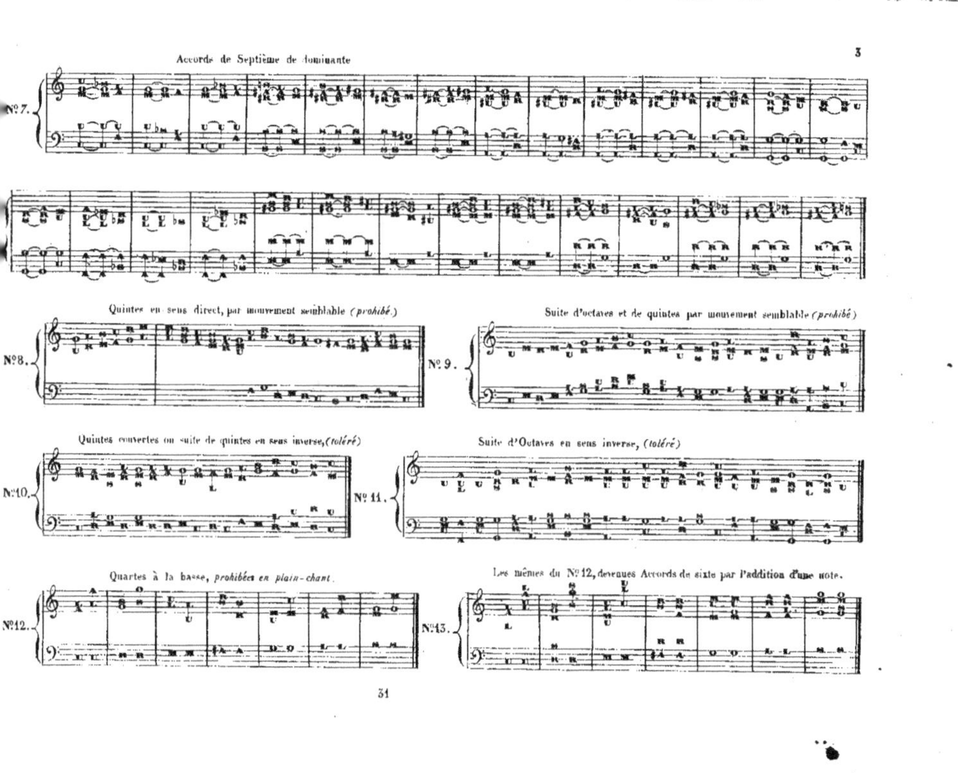

Accords de Septième de dominante
N° 7.
Quintes en sens direct, par mouvement semblable (prohibé.)
N° 8.
Suite d'octaves et de quintes par mouvement semblable (prohibé.)
N° 9.
Quintes couvertes ou suite de quintes en sens inverse, (toléré.)
N° 10.
Suite d'Octaves en sens inverse, (toléré.)
N° 11.
Quartes à la basse, prohibées en plain-chant.
N° 12.
Les mêmes du N° 12, devenues Accords de sixte par l'addition d'une note.
N° 13.

Fausses relations.
N°14.
Gammes harmoniques, chant à l'aigu.
U en mi♭ 1er TON, Finale Ré.
U en ♮♯ 1er TON, Transposé. Finale La.
N°15.
U en O 2me TON, Transposé. finale La
U en R 2me TON, Naturel, Finale Ré.
U en O 3me TON, Finale Mi
U en U 3me TON, Transposé. Finale Si.
U en R♯ 4me TON, Transposé. finale Si.
U en mi♭ 4me TON, Finale Mi.
U en O 5me TON, Finale Fa.
U en U 5me TON, Transposé Finale Ut.
U en O 6me TON, Transposé. Finale Ut.
U en mi♭ 6me TON, Finale Fa.
U en U 7me TON, Transposé. Finale Ut.
U en A 7me TON. Finale Sol.
U en O 8me TON. Finale Sol.
U en R 8me TON, Transposé, Finale Ut.

Seconde espèce de Formule
avec le Chant à la basse.

31

6
U en A (ou) U en U
7me TON.
Repos sur le Re
idem.
Au 7me TON Les Repos sur le Sol se font comme au 3me TON.
U en O (ou) U en R
8me TON.
Chute sur le Sol Final.
id
Repos sur le Sol comme au 3me TON.
Autre espèce de Formules Harmoniques entrecoupées d'Accords dissonnants
Pour le 1er et le 2me TONS. et le 4me Transposé.
1re Pour les TONS. Mineurs.
Pour le 3me et 4me TONS. et aussi le 1er et le 2me Transposés.
Nº 17.
1re Formule.
La même Formule Transposée.
Pour le 1er TON, Finale Ré U en O b; Finale La U en R #.
Pour le 2me TON, Finale Ré U en R: Finale La U en O.
Pour le me TON, Finale Si U en R #
Pour le 3me TON, Finale Mi; U en O.
Pour le 4me TON, Finale Mi; U en Mi b.
Pour le 1er TON, Transposé. Finale La U en R #.
Pour le 2me TON, Transposé, Finale La U en O.
2me Pour les TONS Majeurs.
Pour le 7me et le 8me TONS, Finale Sol, et Transposés, Finale Ut.
Et aussi pour le 5me et le 6me Transposés, Finale Ut.
Pour le 5me et le 6me TONS, Finale Fa: Et Transposés Finale Ut.
Et aussi pour le 7me et le 8me Transposés Finale Ut.
2me Formule.
La même Formule Transposée
Pour le 7me TON, Finale Sol, U en A; le même Transposé, Finale Ut, U en U.
Pour le 8me TON, Finale Sol, U en O; le même Transposé, Finale Ut, U en R.
Pour le 5me TON, Transposé, U en U; Pour le 6me Transposé, U en R #.
Pour le 5me TON, Finale Fa U en O. le même Transposé Finale Ut. U en U.
Pour le 6me TON, Finale Fa. U en Mi b; le même Transposé. Finale Ut, U en R #.
Pour le 7me TON, Transposé. U en U; Pour le 8me Transposé, U en R.
31

Application des Formules avec le Chant à la basse.

31

U en sib
6me TON.
Application de la formule du 6me TON.
totum subjecit; Qui a te contem _ plans totum de _ fi _ cit
Stabat Mater do _ lo _ ro _ sa, Juxta Crucem lacry _ mo _ sa, Dumpendebat Fi _ lius
U en A
7me TON.
Application de la formule du 7me TON, Chant à l'aigu.
7me TON.
Appl.on de la formule du 7me T.
Na _ ti _ vi _ tas est ho _ di _ e, Sanctæ Mari _ æ Virginis, cujus vi _ ta in _ clyta cunctas illustrat Ecclesias.
Nati _ vi _ tas est ho _ di _ e
avec Chant à la basse.
U en G
8me TON.
Application de la formule du 8me TON Chant
Chant sur l'harmonie.
Sanctæ Mari _ æ Virgi _ nis, cujus vi _ ta in _ clyta cunc _ tas il _ lustrat Eccle _ sias.
Veni cre _ ator Spi _ ri _ tus,
à l'aigu.
Appl.on de la
Le même avec
Mentes tu _ o _ rum vi _ si _ ta Im _ ple su _ per _ nâ gra _ ti _ â Quæ Tu cre _ a _ sti pec _ to _ ra. Ve _ ni cre _
formule du 8me TON. Chant à la basse.
Chant sous l'harmonie.
_ a _ tor Spi _ ri _ tus; Mentes tu _ o _ rum vi _ si _ ta; Imple eu per _ nâ gra _ ti _ â Quæ Tu cre _ a _ sti pec _ to _ ra.
* Dans cette ligne il y a 7 quintes vicieuses, il convient de retrancher le La dans ces accords.

MESSE DE DUMONT.

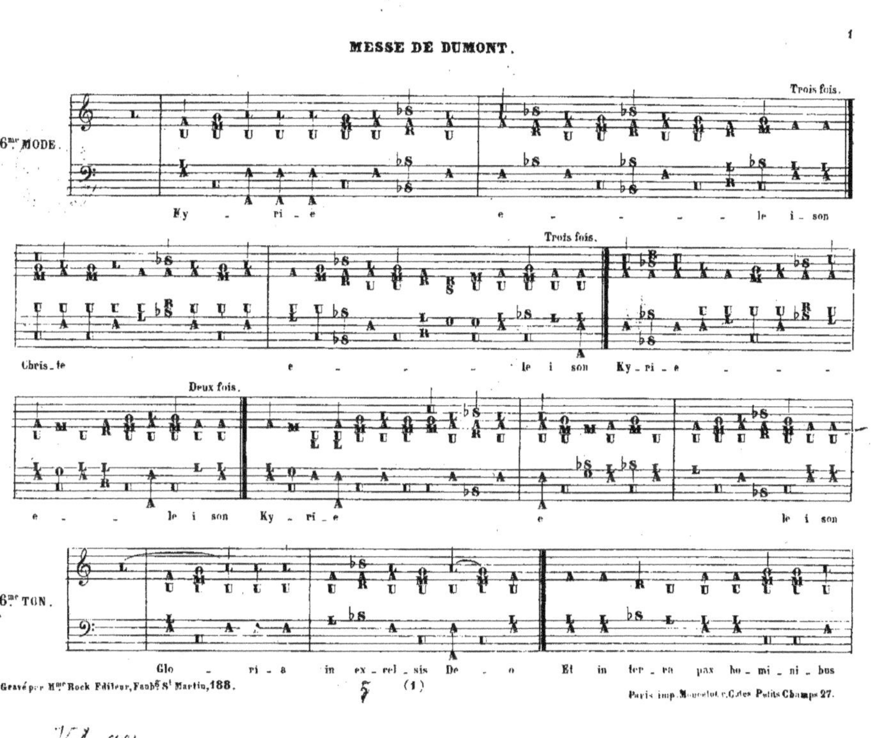

Gravé par M.me Rock Éditeur, Faub.g S.t Martin, 188.   Paris imp. Moucelot r.C.des Petits Champs 27.

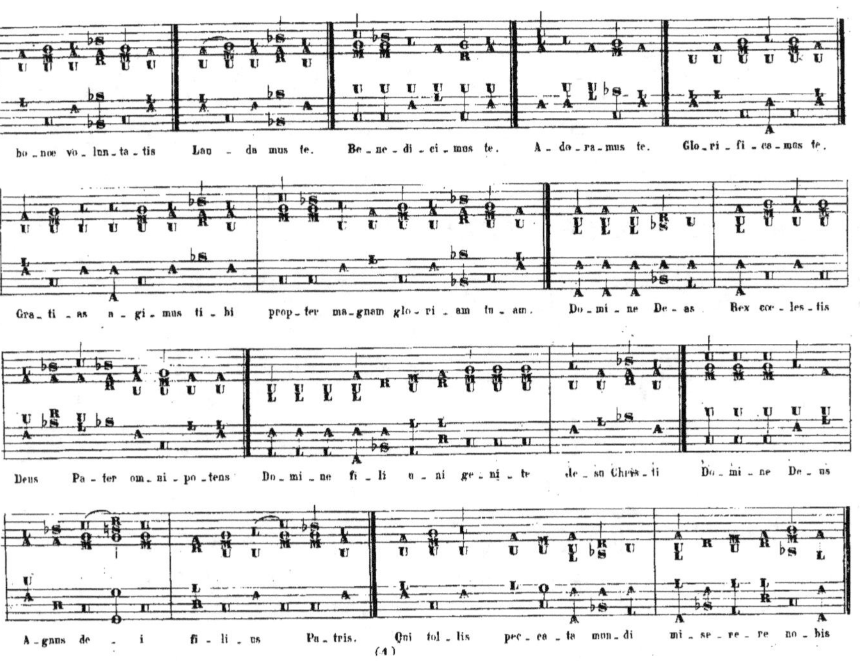

bo _ nae vo _ lun _ ta _ tis   Lau _ da mus te.   Be _ ne _ di _ ci _ mus te.   A _ do _ ra _ mus te.   Glo _ ri _ fi _ ca _ mus te.
Gra _ ti _ as a _ gi _ mus ti _ bi   prop _ ter ma _ gnam glo _ ri _ am tu _ am.   Do _ mi _ ne De _ us   Rex coe _ les _ tis
Deus   Pa _ ter om _ ni _ po _ tens   Do _ mi _ ne fi _ li u _ ni ge _ ni _ te   Je _ su Chris _ ti   Do _ mi _ ne De _ us
A _ gnus de _ i fi _ li _ us Pa _ tris.   Qui tol _ lis pec _ ca _ ta mun _ di   mi _ se _ re _ re no _ bis

Qui tol_lis pec_ca_ta mun_di sus_ci_pe de_pre_ca_ti_o_em nos_tram
Qui se_des ad dex_te_ram Pa_tris ui_se_re_re no_bis. Quo_ni_am tu so_lus sanc_tus
Tu so_lus Do_mi_nus. Tu so_lus Al_tis_si_mus Je_su Chris_te.
cum sanc_to spi_ri_tu in glo_ri_a De_i Pa_tris. A___men.

6me TON
Cre _ do in u _ num De _ um Pa _ trem om _ ni _ po _ ten _ tem
fac _ to _ rem coe _ li et ter _ rae vi _ si _ bi _ li _ um om _ ni _ um et in _ vi _ si _ bi _ li _ um Et in u _ num Do _ mi _ num
de _ sum Chris _ tum fi _ li _ um De _ i u _ ni _ ge _ ni _ tum. Et ex Pa _ tre na _ tum an _ te om _ ni _ a sae _ cu _ la.
De _ um de De _ o lu _ men de lu _ mi _ ne De _ um ve _ rum de De _ o ve _ ro.

Ge_ni_tum non fac_tum con_subs_tan_li_a_lem Pa_tri per_qem om_ni_a fac_ta sunt.
Qui prop_ter nos ho_mi_nes et prop_ter nostram sa_lu_tem des_cen_dit de coe_lis. Et in_car_na_tus est de spi_ri_tu sanc_to
ex ma_ri_a vir_gi_ne. Et Ho_mo fac_tus est. Cru_ci_fi_xus e_ti_am pro_no_bis Sub Pon_ti_o Pi_la_to
pas_sus et se_pul_tus est. Et re_sur_re_xit ter_ti_a di_e se_cun_dum scrip_tu_ras.

Et as _ cen _ dit in coe _ lum. se _ det ad dex _ te _ ram Pa _ tris. Et i _ te _ rum ven _ tu _ rus est cum glo _ ri _ a
Ju _ di _ ca _ re vi _ vos et mor _ tu _ os cu _ jus re _ gni non e _ rit fi _ nis Et in Spi _ ri _ tum sanctum Do _ mi _ num
et vi _ vi _ fi _ can _ tem qui ex Pa _ tre fi _ li _ o _ que pro _ ce _ dit.
Qui cum Pa _ tre et fi _ li _ o si _ mul a _ do _ ra _ tur et con _ glo _ ri _ fi _ ca _ tur

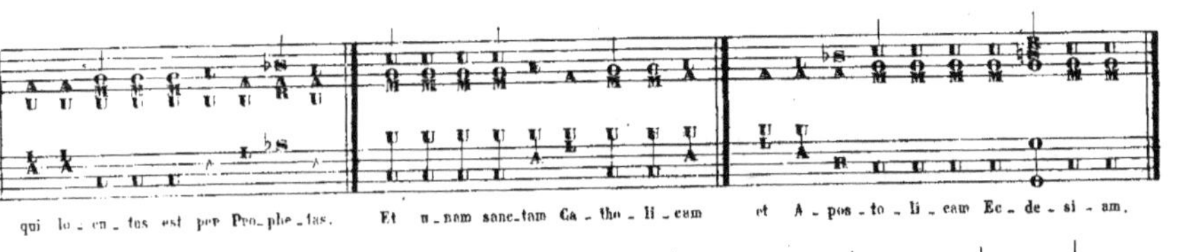

qui lo _ cu _ tus est per Pro_phe_tas. Et u_nam sanc_tam Ca _ tho _ li _ cam et A _ pos _ to _ li _ cam Ec _ de _ si _ am.
Con _ fi _ te _ or u_num bap _ tis _ ma in re _ mis _ si _ o _ nem pec _ ca _ to _ rum. Et ex _ pec _ to

re _ sur _ rec _ ti _ o _ nem mor _ tu _ o _ rum. Et vi _ tam ven _ tu _ ri sae _ cu _ li. A _ _ _ men.

6me TON.
San _ _ _ ctus, San _ _ ctus, San _ _ ctus
(1)

Do_mi_nus De_us sa _ ba oth. Ple ni sunt coe _ li et ter _ ra glo_ri _ a tu _ a: ho _ san_na in ex_cel_sis.
Be _ ne _ dic _ tus qui ve _ nit in no _ mi _ ne Do _ mi _ ni Ho _ san _ na in ex _ cel _ sis.
6me TON.
A _ gnus De _ i qui tol _ lis pec _ ca _ ta mun_di mi _ se _ re _ re no _ bis. A _ gnus de _ i
FIN
qui tol_lis pec_ca_ta mon_di mi _ se_re_ re no_bis. A _ gnus De_ i qui tol_lis pec_ca _ ta mon_di do _ na no_ bis pa_cem.
(1)

Sortie.
Animé.
Grand Jeu.
p
croiss:
dim.

p
cresc.
f
ff

Pour Élévation et Communion.

(2)

OFFERTOIRE.

EN VENTE

CHEZ L'AUTEUR, A L'HOPITAL SAINT-LOUIS, A PARIS

ET AUX BUREAUX DU *ROSIER DE MARIE*

Passage Colbert, n° 16

1° Le **Tableau des Gammes** pour les commençants, prix. . . . . » f. 50 c.
2° **Petit Recueil de Cantiques notés.** . . . . » 75
— Les paroles. . . . . » 35
3° **Méthode pour le plain-chant,** la musique vocale et l'harmonium. . . . . . 3 »»
4° Journal le **Lutrin des Campagnes,** paraissant tous les mois depuis janvier 1863, et donnant par livraison douze pages in-quarto, dont six de plain-chant harmonisé pour harmonium, et six de musique d'église ; prix par an. . . . . 12 »»
5° La **Messe de Dumont,** sixième mode, harmonisée pour harmonium. . . . . . 1 »»
6° A paraître pour le mois de mai, un **Mois de Marie,** le chant simple. . . . . . 1 »»
—   —   —   —   —   le chant harmonisé. . . . 3 50
—   —   —   —   —   les paroles seules. . . . . » 35
7° A paraître dans le cours de 1863, la **Messe Royale de Dumont,** premier mode, harmonisée. 2 50
8° **Messe de Dumont,** deuxième mode, harmonisée. 1 50
Paraîtront, les unes après les autres, et aussitôt que possible, toutes les Messes de l'année au romain, édition du Vatican, puis les Vêpres, les Saluts, Hymnes, Proses, Antiennes à la très-sainte Vierge ; des morceaux d'orgues, Offertoires, Communions, Élévations, Sorties, etc.; en un mot, tout ce qui est nécessaire au service divin, même des Cantiques pour le carême et toutes les fêtes de l'année, en chant simple et harmonisé pour harmonium, et aussi des chants pour les écoles, le tout selon la méthode de l'abbé Rémond ; et chaque fois qu'un ouvrage sera terminé, il sera annoncé dans le journal *le Rosier de Marie* et dans celui des *Instituteurs.* Ajouter dix centimes par franc pour recevoir franco.

Les demandes *au-dessous* de cinq francs pourront être soldées en timbres-poste ; depuis cinq francs et au-dessus, par un mandat sur la poste ; les commandes considérables, par des traites à domicile.

Tous ceux qui voudront nous donner de beaux morceaux et de belles choses pour l'église à imprimer dans notre mode de notation, seront accueillis avec gratitude.

Nous prions tous nos confrères et tous les amis de la religion de nous aider de leurs conseils et de leur concours. Une œuvre qui commence est susceptible de perfectionnement, et un seul homme ne peut tout prévoir.